»Ringelnatz vereinigt zwischen zwei Buchdeckeln, was immer ihm in einem bestimmten Zeitraum bedichtens- und berichtenswert erschien: Belachbares, Besinnliches, Bedenkenswertes, Bedenkliches und Bedenkenloses.«   *Robert Gernhardt*

Eine vergnügliche Auswahl, die nicht nur die Klassiker aus Ringelnatz' Werk versammelt, sondern auch einlädt, Neues und Überraschendes zu entdecken, herrlich illustriert von Robert Gernhardt.

Joachim Ringelnatz, 1883 als Hans Bötticher in Wurzen in Sachsen geboren, arbeitete als Matrose, Kaufmann und Bibliothekar, reiste viel umher, spielte Theater und dichtete. Sein erster Gedichtband erschien 1910, spätere veröffentlichte er unter verschiedenen Pseudonymen, u. a. Kuttel Daddeldu und Joachim Ringelnatz. Er starb 1934 in Berlin.

Robert Gernhardt, 1937 in Reval (heute Tallin) in Estland geboren, lebte seit 1964 als Schriftsteller, Maler, Zeichner und Karikaturist in Frankfurt am Main. Er wurde mit zahlreichen Preisen ausgezeichnet, u. a. mit dem Heinrich-Heine-Preis der Stadt Düsseldorf. Robert Gernhardt starb am 30. Juni 2006 in Frankfurt.

insel taschenbuch 4072
Joachim Ringelnatz
Warten auf den Bumerang

Joachim Ringelnatz
Warten auf den Bumerang

Gedichte
ausgewählt und illustriert
von Robert Gernhardt

Insel Verlag

Umschlagillustration: Robert Gernhardt

insel taschenbuch 4072
Erste Auflage 2011
Insel Verlag Berlin 2011
© Insel Verlag Frankfurt am Main und Leipzig 2005
Vertrieb durch den Suhrkamp Taschenbuch Verlag
Umschlaggestaltung: bürosüd, München
Satz: Memminger MedienCentrum AG
Druck: Kösel, Krugzell
Printed in Germany
ISBN 978-3-458-35772-8

1 2 3 4 5 6 – 16 15 14 13 12 11

Warten auf den Bumerang

Die Ameisen

In Hamburg lebten zwei Ameisen,
Die wollten nach Australien reisen.
Bei Altona auf der Chaussee
Da taten ihnen die Beine weh,
Und da verzichteten sie weise
Denn auf den letzten Teil der Reise.

So will man oft und kann doch nicht
Und leistet dann recht gern Verzicht.

»Ruhe ist viel wert«,
Sagte das Nilpferd
Und setzte sich in 'was Weiches.

Der Elefant tat ein Gleiches.

Die Badewanne prahlte sehr.
Sie hielt sich für das Mittelmeer
Und ihre eine Seitenwand
Für Helgoländer Küstenland.
Die andre Seite – gab sie an –
Sei das Gebirge Hindustan,
Und ihre große Rundung sei
Bestimmt die Delagoabai.
Von ihrem spitzen Ende vorn
Erklärte sie, es sei Kap Horn.

Den Kettenzug am Regulator
Hielt sie sogar für den Äquator.
Sie war – nicht wahr, das merken Sie? –
Sehr schwach in der Geographie.
Dies eingebildete Bassin.
Es wohnte im Quartier latin.

**Ein Lied, das der berühmte Philosoph
Haeckel am 3. Juli 1911 vormittags
auf einer Gartenpromenade vor sich hinsang**

(Von einem Ohrenzeugen)

Wimmbamm Bumm
Wimm Bammbumm
Wimm Bamm Bumm

Wimm Bammbumm
Wimm Bamm Bumm
Wimmbamm Bumm

Wimm Bamm Bumm
Wimmbamm Bumm
Wimm Bammbumm.

Ein bettelarmer, braver Mann,
Der Tag und Nacht nur Gutes sann
Und gar nichts mehr zu essen hatte
Als eine halbverweste Ratte,

Der auch kein Bett besaß zum Schlafen,
Der ging in seiner höchsten Not
Zu einem reichen, stolzen Grafen
Und bat ihn um ein Stückchen Brot.
Der Graf nahm das gewaltig übel
Und schlug mit dem Champagnerkübel
Den braven Bettler lächelnd tot.
Doch niemand wagte es, den Grafen
Für solche Freveltat zu strafen.
Und deshalb wurde sein Betragen
Dann mit den Jahren noch viel schlimmer. –

So manchen Leser hör' ich sagen:
Ja, ja! – ja, ja! – So ist das immer!

Ich aber denke still für mich:
Der Leser ist ein Gänserich.

Errare humanum est

Quietschfidel, mit roter Nase,
Seh ich Kunze gehn.
Warum bleibt er plötzlich mitten auf der Straße
Stehn?
Warum runzelt er die Brauen?
Warum mag er so entsetzlich
Schmerzlich himmelaufwärts schauen?
Warum wird er plötzlich
Blaß?
Oh, nun weiß ich was – – –

Er erblickt mich, winkt. – Fatal!
»Servus, armer Kunze! – eilt! – ein andermal!«

Kalte, falsche, rücksichtslose
Freunde hat die Unterhose.

Logik

Die Nacht war kalt und sternenklar,
Da trieb im Meer bei Norderney
Ein Suahelischnurrbarthaar. –
Die nächste Schiffsuhr wies auf drei.

Mir scheint da mancherlei nicht klar,
Man fragt doch, wenn man Logik hat,
Was sucht ein Suahelihaar
Denn nachts um drei am Kattegatt?

Freiübungen
(Grund-Stellung)

Wenn eine Frau in uns Begierden weckt
Und diese Frau hat schon ihr Herz vergeben,
Dann (Arme vorwärts streckt!)
Dann ist es ratsam, daß man sich versteckt.
Denn später (langsam auf den Fersen heben!)
Denn später wird uns ein Gefühl umschweben,
Das von Familiensinn und guten Eltern zeugt.
(Arme – beugt!)
Denn was die Frau an einem Manne reizt,

(Hüften fest – Beine spreizt! – Grundstellung)
Ist Ehrbarkeit. Nur die hat wahren Wert,
Auch auf die Dauer (Ganze Abteilung, kehrt!).
Das ist von beiden Teilen der begehrtste,
Von dem man sagt: (Rumpfbeuge) Das ist der allerwertste.

Am Barren

(Alla donna tedesca)

Deutsche Frau, dich ruft der Barrn,
Denn dies trauliche Geländer
Fördert nicht nur Hirn und Harn,
Sondern auch die Muskelbänder,
Unterleib und Oberlippe.
Sollst, das Hüftgelenk zu stählen,
Dich im Knickstütz ihm vermählen.
Deutsches Weib, komm: Kippe, Kippe!

Deutsche Frau, nun laß dich wieder
Ellengriffs im Schwimmhang nieder.
So, nun Hackenschluß! Und schwinge!
Schwinge! Hurtig rum den Leib!
O, es gibt noch wundervolle
Dinge. Rolle vorwärts! Rolle!
Rolle rückwärts, deutsches Weib.

Deutsche Jungfrau, weg das Armband!
In die Hose! Aus dem Rocke!
Aus dem Streckstütz in den Armstand,
Nun die Flanke. Sehr gut! Danke!
Deutsches Mädchen, Hocke, Hocke!

Mußt dich keck emanzipieren
Und mit kindlichem »Ätsch-Ätsche«
Über Männer triumphieren,
Mußt wie Bombe und Kartätsche
Deine Kräfte demonstrieren.
Deutsches Mädchen – Grätsche! Grätsche!

Zum Wegräumen der Geräte

Veterinär, gleichzeitig Veteran,
Ein Mann, der 92 Jahre zählte,
Daß man zuletzt ihn aus Gewohnheit wählte,
Und trotzdem biegsam, schmiegsam wie ein Schwan.
Das war – trotz eines halbgelähmten Beines –
Der Ehrenvorstand unsres Turnvereines.
Und wirklich nahm er's noch im Dauerlauf
Und Schleuderball mit jedem Rennpferd auf.

Wettläufer sah ich – nun Gott weiß wieviel,
Doch ihrer keiner hielt wohl mit der gleichen
Bescheidenheit gelassen vor dem Ziel.
Denn niemand konnte ihm das Wasser reichen.
Dann griff er abseits zum Pokal. Und Hei!
Wie Donner klang sein Frisch-Fromm-Fröhlich-Frei.
Wie sich sein Vollbart, den er gern sich wischte,
Nach einem 80 cm-Sprung
Mit Kokosfasern einer Matte mischte,
Das bleibt mir ewig in Erinnerung.
Im Springen konnte überhaupt dem Alten
Zuletzt wohl keiner mehr die Stange halten.

Einmal, nach dem Genuß von sehr viel Weißwein,
Verstauchte er beim Spaltsitz auf dem Reck
Ganz unvermutet plötzlich sich das Steißbein.
Er aber wich und wankte nicht vom Fleck.
Im Gegenteil, er brach, um uns zu necken,
Sich noch den Sitzknorren der Sitzbeine am Becken.
Er turnte gern der Jugend etwas vor
Und mühte sich vor Buben oder Mädeln,
Die Beine in die Ringe einzufädeln,
Wobei er niemals die Geduld verlor.
Dann staunte ehrfurchtsvoll solch junges Ding,
Wenn er wie Christbaumschmuck im Nesthang hing.

Denn was ein Nesthängchen werden will,
                          krümmt sich beizeiten.

Vom Seemann Kuttel Daddeldu

Eine Bark lief ein in Le Haver,
Von Sidnee kommend, nachts elf Uhr drei.
Es roch nach Himbeeressig am Kai,
Und nach Hundekadaver.

Kuttel Daddeldu ging an Land.
Die Rü Albani war ihm bekannt.
Er kannte nahezu alle Hafenplätze.

Weil vor dem ersten Hause ein Mädchen stand,
Holte er sich im ersten Haus von dem Mädchen die Krätze.

Weil er das aber natürlich nicht gleich empfand,
Ging er weiter, – kreuzte topplastig auf wilder Fahrt.
Achtzehn Monate Heuer hatte er sich zusammengespart.

In Nr. 6 traktierte er Eiwie und Kätchen,
In 8 besoff ihn ein neues straff lederbusiges Weib.
Nebenan bei Pierre sind allein sieben gediegene Mädchen,
Ohne die mit dem Celluloid-Unterleib.

Daddeldu, the old Seelerbeu Kuttel,
Verschenkte den Albatrosknochen,
Das Haifischrückgrat, die Schals,
Den Elefanten und die Saragossabuttel.
Das hatte er eigentlich alles der Mary versprochen,
Der anderen Mary; das war seine feste Braut.

Daddeldu – Hallo! Daddeldu,
Daddeldu wurde fröhlich und laut.
Er wollte mit höchster Verzerrung seines Gesichts
Partu einen Niggersong singen
Und »Blu beus blu«.
Aber es entrang sich ihm nichts.

Daddeldu war nicht auf die Wache zu bringen.
Daddeldu Duddel Kuttelmuttel, Katteldu
Erwachte erstaunt und singend morgens um vier
Zwischen Nasenbluten und Pomm de Schwall auf der Pier.

Daddeldu bedrohte zwecks Vorschuß den Steuermann,
Schwitzte den Spiritus aus. Und wusch sich dann.

Daddeldu ging nachmittags wieder an Land,
Wo er ein Rentiergeweih, eine Schlangenhaut,
Zwei Fächerpalmen und Eskimoschuhe erstand.
Das brachte er aus Australien seiner Braut.

Daddeldus Lied an die feste Braut

Lat man goot sin, lütte seute Marie.
Mi no ssavi!
Ich habe deine Photographie
In der Meditteriniensi
Weit draußen auf dem Meere
Damals verloren,
Als ich bei den Azoren
Mit der Bulldog beinah versoffen wäre. –

Bulldog aheu!

Swiethart! Manilahaariges Kitty-Anny-Pipi –
Oder wie du heißt –
Bulldog aheu!
Bei Jesus Chreist
Ich war – seit Konstantinopel – dir immer treu.

Scheek hends! Ehrlich und offen:
Ich bin gar nicht besoffen.

Giff öss e Whisky, du, ach du! Jesus Chreist!

Skool! bleddi Sanofebitsch – Ohne Spott:
Ich glaube, dich hat der liebe Gott

An einem Sonntag zusammengespleißt.
Weißt du, was du bist: Weißt?
Hör mich einmal ernsthaft auf mich.
Du – du bist – mein zweites Ich.
Du mußt mir mal deinen Namen ausbuchstabieren,
Hein soll mir das auf den Arm tätowieren.

Mary, mach mal deinem Daddeldu
Die Hosentür zu.

Ich habe noch immer die graue Salbe von dir,
Das ist ganz egal; das ist auch ein Souvenir.
Wer mir die Salbe nimmt –
Ich bin der gutmütigste Kerl, glaub es mir;
Ich habe noch keinem Catfisch ein Haar gekrümmt –
Wenn ich zurück bin aus Schangei,
Wie Gott will hoffen, –
Wer mir die Salbe nimmt,
Dem hau ik die Kiemen entzwei.

Bulldog aheu! Ich bin nicht besoffen.
Wirklich nicht!
Wirklich nicht!
Wer mir die Salbe krümmt,
Dem renn ich die Klüsen dicht. –
Komm her, Deesy, wir schlagen die Bulldog entzwei.
Wenn ich aus Kiatschu, Kiatschau –
Porko dio Madonna! –
Mary, du alte Sau,
Wer dir die Salbe stiehlt aus Schangei,
Der wird einmal Kapitän Daddeldus Frau.

Noctambulatio

Sie drückten sich schon beizeiten
Fort aus dem Tanzlokal
Und suchten zu beiden Seiten
Der Straße das Gast- und Logierhaus Continental.

So dringlich: Man hätte können glauben,
Er triebe sie vorwärts wie ein Rind.
Und doch handelten beide im besten Glauben.
Er wollte ihr nur die Unschuld rauben.
Sie wollte partout von ihm ein Kind.

Da geschah es, etwa am Halleschen Tor,
Daß Frieda über dem Knutschen und Schmusen
Aus ihrem hitzig gekitzelten Busen
Eine zertanzte, verdrückte Rose verlor.

Und ein sehr feiner Herr, dessen Eleganz
Nicht so rumtoben tut, folgte den beiden.
Jedoch hielt er sich vornehm bescheiden
Immer in einer gewissen Distanz.

Er wollte ursprünglich zum Bierhaus Siechen.
Aber nun hemmte er seinen Lauf,
Zog die Handschuh aus, hob die Rose auf
Und begann langsam daran zu riechen.

Er wünschte aber keinen Augenblicksgenuß;
Deshalb stieg er mit der Rose in den Omnibus.
Derweilen war Frieda mit ihrem Soldaten
Auf einen Kinderspielplatz geraten.

Dort merkten sie nicht, wie die Nacht verstrich
Und daß ein unruhiger Mann mit einem Spaten
Sie dauernd beschlich.

Als sich nach längerem Aufenthalt
Das Paar in der Richtung zur Gasanstalt
Mit kurzen, trippelnden Schritten verlor,
Sprang der unruhige Mann plötzlich hervor.
Und fing an, eine Stelle, wo er im Sand
Die Spur von Friedas Stiefelchen fand,
Mit seinem Spaten herauszuheben.
Worauf er behutsam mit zitternder Hand
Die feuchte Form in ein Sacktuch band,
Um sich dann leichenblaß heimzubegeben.

Wie um das dümmste Mädchen
Sich sonderbare Fädchen
Nachts durch die Straßen ziehn –
Die Dichter und die Maler
Und auch die Kriminaler,
Die kennen ihr Berlin.

Stimme auf einer steilen Treppe

Drei Söhne hab ich bei die Ulanen verloren,
Mein Mann fiel aus dem dritten Stock.
Aber – es wird lustig weitergeboren!
Ich habe nur noch den einen, den Umstandsrock.

Macht es mir nach: Werdet schwanger, ihr Weiber!
Alle Weiber müssen schwanger sein.
Dann springen die Männer vor eure geschwollenen Leiber
Links und rechts beiseite und sind ganz klein.

Aller Anfang ist schwer.
Pfeift auf die Fehlgeburten und Mißgeburten. –
Wenn nicht immer mal wieder zwei Menschen hurten,
Blieben zuletzt die Wirtshäuser leer,
Gäb's keine Soldaten mehr.

Die Schweinerei ist nun doch einmal Sitte und Brauch.
Gott hat uns Weiber zu Schöpferinnen gesalbt.
Schiebt also trotzig euren geladenen Bauch
Über die Friedhöfe hin. – Und kalbt!

Ansprache eines Fremden an eine Geschminkte
vor dem Wilberforcemonument

Guten Abend, schöne Unbekannte! Es ist nachts halb zehn.
Würden Sie liebenswürdigerweise mit mir schlafen gehn?
Wer ich bin? – Sie meinen, wie ich heiße?

Liebes Kind, ich werde Sie belügen,
Denn ich schenke dir drei Pfund.
Denn ich küsse niemals auf den Mund.
Von uns beiden bin ich der Gescheitre.
Doch du darfst mich um drei weitere
Pfund betrügen.

Glaube mir, liebes Kind:
Wenn man einmal in Sansibar
Und in Tirol und im Gefängnis und in Kalkutta war,
Dann merkt man erst, daß man nicht weiß, wie sonderbar
Die Menschen sind.

Deine Ehre, zum Beispiel, ist nicht dasselbe
Wie bei Peter dem Großen L'honneur. –
Übrigens war ich – (Schenk mir das gelbe
Band!) – in Altona an der Elbe
Schaufensterdekorateur. –

Hast du das Tuten gehört?
Das ist Wilson Line.

Wie? Ich sei angetrunken? O nein, nein! Nein!
Ich bin völlig besoffen und hundsgefährlich geistesgestört.
Aber sechs Pfund sind immer ein Risiko wert.

Wie du mißtrauisch neben mir gehst!
Wart nur, ich erzähle dir schnurrige Sachen.
Ich weiß: Du wirst lachen.
Ich weiß: daß sie dich auch traurig machen.
Obwohl du sie gar nicht verstehst.

Und auch ich –
Du wirst mir vertrauen, – später, in Hose und Hemd.
Mädchen wie du haben mir immer vertraut.

Ich bin etwas schief ins Leben gebaut.
Wo mir alles rätselvoll ist und fremd,
Da wohnt meine Mutter. – Quatsch! Ich bitte dich: Sei recht lau

Ich bin eine alte Kommode.
Oft mit Tinte oder Rotwein begossen;
Manchmal mit Fußtritten geschlossen.
Der wird kichern, der nach meinem Tode
Mein Geheimfach entdeckt. –
Ach Kind, wenn du ahntest, wie Kunitzburger Eierkuchen schmeckt!

Das ist nun kein richtiger Scherz.
Ich bin auch nicht richtig froh.
Ich habe auch kein richtiges Herz.
Ich bin nur ein kleiner, unanständiger Schalk.
Mein richtiges Herz. Das ist anderwärts, irgendwo
Im Muschelkalk.

Avant-propos

Ich kann mein Buch doch nennen, wie ich will
Und orthographisch nach Belieben schreiben!
Wer mich nicht lesen mag, der laß es bleiben.
Ich darf den Sau, das Klops, das Krokodil
Und jeden andern Gegenstand bedichten,
Darf ich doch ungestört daheim
Auch mein Bedürfnis, wie mir's paßt, verrichten.
Was könnte mich zu Geist und reinem Reim,
Was zu Geschmack und zu Humor verpflichten? –
Bescheidenheit? – captatio – oho!
Und wer mich haßt, – – sie mögen mich nur hassen!
Ich darf mich gründlich an den Hintern fassen
Sowie an den avant-propos.

Abendgebet eines erkälteten Negerin

Abendgebet einer erkälteten Negerin

Ich suche Sternengefunkel
All mein Karbunkel
Brennt Sonne dunkel.
Sonne drohet mit Stich.

Warum brennt mich die Sonne im Zorn?
Warum brennt sie gerade mich?
Warum nicht Korn?

Ich folge weißen Mannes Spur.
Der Mann war weiß und roch so gut.
Mir ist in meiner Muschelschnur
So négligé zu Mut.

Kam in mein Wigwam
Weit übers Meer,
Seit er zurückschwamm,
Das Wigwam
Blieb leer.

Drüben am Walde
Kängt ein Guruh – –

Warte nur balde
Kängurst auch Du.

Kuttel Daddeldu und Fürst Wittgenstein

Daddeldu malte im Hafen mit Teer
Und Mennig den Gaffelschoner Claire.
Ein feiner Herr kam daher,
Blieb vor Daddeldun stehn
Und sagte: »Hier sind fünfzig Pfennig,
Lieber Mann, darf man wohl mal das Schiff besehn?«
Daddeldu stippte den Quast in den Mennig,
Daß es spritzte, und sagte: »Fünfzig ist wenig.
Aber, God demm, jedermann ist kein König.«
Und der Fremde sagte verbindlich lächelnd: »Nein,
Ich bin nur Fürst Wittgenstein.«
Daddeldu erwiderte: »Fürst oder Lord –
Scheiß Paris! Komm nur an Bord.«
Wittgenstein stieg, den Teerpott in seiner zitternden Hand,
Hinter Kutteln das Fallreep empor und kriegte viel Sand
In die Augen, denn ein schwerer Stiefel von Kut-
Tel Daddeldu stieß ihm die Brillengläser kaputt,
Und führte ihn oben von achtern nach vorn
Und von Luv nach Lee.
Und aus dem Mastkorb fiel dann das Brillengestell aus Horn,
Und im Kettenkasten zerschlitzte der Cutaway.
Langsam wurde der Fürst heimlich ganz still.
Daddeldu erklärte das Ankerspill.
Plötzlich wurde Fürst Wittgenstein unbemerkt blaß.
Irgendwas war ihm zerquetscht und irgendwas naß.
Darum sagte er mit verbindlichem Gruß:
»Vielen Dank, aber ich muß – – –«
Daddeldu spuckte ihm auf die zerquetschte Hand
Und sagte: »Weet a Moment, ich bringe dich noch an Land.«

Als der Fürst unterwegs am Ponte San Stefano schmollte,
Weil Kuttel durchaus noch in eine Osteria einkehren wollte,
Sagte dieser: »Oder schämst du dich etwa vielleicht?«
Da wurde Fürst Wittgenstein wieder erweicht.
Als sie dann zwischen ehrlichen Sailorn und Dampferhallunken
Vier Flaschen Portwein aus einem gemeinsamen Becher getrunken,
Rief Kuttel Daddeldu plötzlich mit furchtbarer Kraft:
»Komm, alter Fürst, jetzt trinken wir Brüderschaft.«
Und als der Fürst nur stumm auf sein Chemisette sah,
Fragte Kuttel: »Oder schämst du dich etwa?«
Wittgenstein winkte ab und der Kellnerin.
Die schob ihm die Rechnung hin.
Und während der Fürst die Zahlen mit Bleistiftstrichen
Anhakte, hatte Kuttel die Rechnung beglichen.

Der Chauffeur am Steuer knirschte erbittert.
Daddeldu hatte schon vieles im Wagen zersplittert,
Während er dumme Kommandos in die Straßen und Gassen
Brüllte. »Hart Backbord!« »Alle Mann an die Brassen!«
Rasch aussteigend fragte Fürst Wittgenstein:
»Bitte, wo darf ich Sie hinfahren lassen?«
Aber Daddeldu sagte nur: »Nein!«
Darauf erwiderte jener bedeutend nervös:
»Lieber Herr Seemann, seien Sie mir nicht bös;
Ich würde Sie bitten, zu mir heraufzukommen,
Aber leider – –« Daddeldu sagte: »Angenommen!«
Auf der Treppe bat dann Fürst Wittgenstein
Den Seemann inständig:
Um Gottes willen doch ja recht leise zu sein;
Und während er später eigenhändig
Kaffee braute – und goß in eine der Tassen viel Wasser hinein, –
Prüfte Kuttel nebenan ganz allein,

Verblüfft, mit seinen hornigen Händen
Das Material von ganz fremden Gegenständen.
Bis ihm zu seinem Schrecken der fünfte
Zerbrach. – Da rollte er sich in den großen Teppich hinein.
Dann kam mit hastigen Schritten
Der Kaffee. Und Fürst Wittgenstein
Sagte, indem er die Stirne rümpfte:
»Nein, aber nun muß ich doch wirklich bitten – –
Das widerspricht selbst der simpelsten populären Politesse.«
Daddeldu lallte noch: »Halt' die Fresse!«

Kuttel Daddeldu und die Kinder

Wie Daddeldu so durch die Welten schifft,
Geschieht es wohl, daß er hie und da
Eins oder das andre von seinen Kindern trifft,
Die begrüßen dann ihren Europapa:
»Gud morning! – Sdrastwuide! – Bong Jur, Daddeldü!
Bon tscherno! Ok phosphor! Tsching – tschung! Bablabü!«
Und Daddeldu dankt erstaunt und gerührt
Und senkt die Hand in die Hosentasche
Und schenkt ihnen, was er so bei sich führt,
– – Whiskyflasche,
Zündhölzer, Opium, türkischen Knaster,
Revolverpatronen und Schweinsbeulenpflaster,
Gibt jedem zwei Dollar und lächelt: »Ei, ei!«
Und nochmals: »Ei, Ei!« – Und verschwindet dabei.

Aber Kindern von deutschen und dänischen Witwen
Pflegt er sich intensiver zu widmen.
Die weiß er dann mit den seltensten Stücken
Aus allen Ländern der Welt zu beglücken.
Elefantenzähne – Kamerun,
Mit Kognak begoßnes malaiisches Huhn,
Aus Friedrichroda ein Straußenei,
Aus Tibet einen Roman von Karl May,
Einen Eskimoschlips aus Giraffenhaar,
Auch ein Stückchen versteinertes Dromedar.

Und dann spielt der poltrige Daddeldu
Verstecken, Stierkampf und Blindekuh,
Markiert einen leprakranken Schimpansen,
Lehrt seine Kinderchen Bauchtanz tanzen
Und Schiffchen schnitzen und Tabak kauen.
Und manchmal, in Abwesenheit älterer Frauen,
Tätowiert er den strampelnden Kleinchen
Anker und Kreuze auf Ärmchen und Beinchen.

Später packt er sich sechs auf den Schoß
Und läßt sich nicht lange quälen,
Sondern legt los:
Grog saufen und dabei Märchen erzählen;
Von seinem Schiffbruch bei Feuerland,
Wo eine Woge ihn an den Strand
Auf eine Korallenspitze trieb,
Wo er dann händeringend hängen blieb.
Und hatte nichts zu fressen und saufen;
Nicht mal, wenn er gewollt hätte, einen Tropfen Trinkwasser,
                    um seine Lippen zu benetzen,
Und kein Geld, keine Uhr zum Versetzen.

Außerdem war da gar nichts zu kaufen;
Denn dort gab's nur Löwen mit Schlangenleiber,
Sonst weder keine Menschen als auch keine Weiber.
Und er hätte gerade so gern einmal wieder
Ein kerniges Hamburger Weibstück besucht.
Und da kniete Kuttel nach Osten zu nieder.
Und als er zum drittenmal rückwärts geflucht,
Da nahte sich plötzlich der Vogel Greif,
Und Daddeldu sagte: »Ei wont ä weif.«
Und der Vogel Greif trug ihn schnell
Bald in dies Bordell, bald in jenes Bordell
Und schenkte ihm Schlackwurst und Schnaps und so weiter. –
So erzählt Kuttel Daddeldu heiter, –
Märchen, die er ganz selber erfunden.
Und säuft. – Es verfließen die Stunden.
Die Kinder weinen. Die Märchen lallen.
Die Mutter ist längst untern Tisch gefallen,
Und Kuttel – bemüht, sie aufzuheben –
Hat sich schon zweimal dabei übergeben.
Und um die Ruhe nicht länger zu stören,
Verläßt er leise Mutter und Gören.

Denkt aber noch tagelang hinter Sizilien
An die traulichen Stunden in seinen Familien.

Redefusseln meiner Tante

»Ich bin schnell weitergelaufen.
Ich kanns nicht sehen, wenn man ein Pferd quält.« –

»Ich habe dem Frauenzimmer von den schlimmen Folgen erzählt
Und werde ihr ein Gesangbuch kaufen. – «

»Wir hatten das ehrenamtlich übernommen.
Es hat scheußlich viel Mühe und Unkosten gemacht.
Aber so haben doch tausendzweihundertundacht
Arme Kinder je eine warme Wassersuppe bekommen –«

Matrosensang

Herr Steuermann, ach Steuermann,
Mein Herz ist gar so schwer.
»So bind ein gut Stück Eisen dran
Und wirf es über Bord ins Meer.«

Ob meine schwangere Liebste weint?
Eine Trän? Zwei Trän? Drei Trän?
Ho! Meine krumme Mutter meint,
Ich sei ein reicher Kapitän.

Ist Mutters Haus mit Stroh gedeckt,
Wie sie sich freuen kann.
Doch wie ein Sturm mit Branntwein schmeckt,
Das geht sie einen Hundsdreck an.

Aus dem Paket entglitt ein Räucheraal
und fiel ins Wasser und trieb fort gen Süden.

»Bitte nach Ihnen!« sagte am Kanal
Ein Lebensmüder einer Lebensmüden.

Ausgeglittner Aal – –
Ausgelittne Qual – –
Ha ha!

Bumerang

War einmal ein Bumerang;
War ein weniges zu lang.
Bumerang flog ein Stück,
Aber kam nicht mehr zurück.
Publikum – noch stundenlang –
Wartete auf Bumerang.

Das Terrbarium

Das war meine Erfindung:
Vor allen Dingen muß man die Tiere lebendig pressen.
Anfangs kostet es Überwindung,
Aber schließlich wird nichts so heiß gekocht wie gegessen.

Die Presse muß mindestens sechs Quadratmeter messen.

Meine Anlage war ein technisches Wunder;
Riesensäle, um die getrockneten Bestien
Übersichtlich hübsch an der Wand zu befestigen.

Denn ein geplättetes Nashorn ist keine Flunder.
Wegen der Dickhäuter und et cetera
Brauchte ich selbstverständlich elektrische Kraft. –
Doch ich speiste mit dem herausfließenden Saft
Sämtliche Waisenkinder von Zentralamerika.
Ganz abgesehen von der Naturwissenschaft.

Manches läßt sich nicht beim erstenmal schaffen.
Oftmals zappelt und zuckt noch der Hals,
Wenn der Unterkörper schon platt ist, so bei den Giraffen.
Und ich besinne mich eines noch schwereren Falls.

Um meine Sammlung zu komplettieren,
Wollte ich auch einen Menschen so präparieren.
Jene Miß Hamsy, die ich dazu erkor,
War eine ernste, wohlgebaute Mulattin,
Leichthin sommersprossig und Zollwächters Gattin.
Und der setzte ich Arrak mit Blumenkohl vor,
Sagte, das sei Barbarossas Lieblingsgericht,
Las ihr zwei Novellen von Freiherrn v. Schlicht.
Bis sie langsam das Bewußtsein verlor.
Als ich sie dann im Dunkeln entkleidet hatte,
Legte ich sie behutsam tastend auf die untere Platte,
Kurbelte an. Doch sie erwachte dabei.
Aber ich suchte sie taktvoll bescheiden zu trösten:
Wieviel schlimmer es wäre, lebendig zu rösten,
Und daß die Presse nicht zu umgehen sei.

31

Nichts stimmt trauriger als ein menschlicher Todesschrei.
Aber was bedeutet solch kurzer Ton
Gegen die furchtbaren Greuel der Vivisektion!
Und wie Miß Hamsy dann an der Wand die vierte
Halle für Säugetiere und Eidechsen zierte,
Hat ihr Anblick jeden Besucher gebannt.
Die Kritiken hörten nicht auf sie zu loben.
Bis sich schließlich die Popolaca erhoben.
Diese Indianer haben das ganze Museum niedergebrannt.
Alles haben mir diese Schweine gestohlen.
Aus Miß Hamsy schnitten sie Mokassinsohlen.
Was ein Barbar ist, hat weder Kultur noch Geschmack.
Aber einen von ihnen erwischte ich später,
Kochte ihn lebend mit Kienharz und Wasserstoff-Äther.
Und den Kerl verbrauche ich heute als Siegellack.

Novaja Brotnein

(Aus des Wunderknaben Horn)

Im Eismeer (jeder weiß das ja)
Da liegt Novaja Semlja.

In Hamburg (das ist auch bekannt)
Wird die Semmel »Rundstück« genannt.

Im Eismeer – sagt man in Hamburg – da
Liegt Novaja Rundstückja.

Feierabendklänge eines einhändigen Metalldrehers
an seine Frau mit preisgekrönten Beinen

Ich hätte dem Hinz ein Ohr abgebissen?!
Wie kann der Oswald das wissen,
Dieser Speichellecker!
Der war doch damals mit die Dachdecker
Bei Wasmann in Akkord.

Hermine! Ehrenwort!
Ich habe den Hinz nur rausgeschmissen,
Weil er gesagt hat: Du hättest die Konkurrenz beschummelt,
Und ich habe ihm das verbeten
Und nur ganz leise in den Rücken getreten.

Mir ist doch wurscht, ob ihr zusammen poussiert
Und in die Wirtshäuser lauft.
Ich will nur nicht, daß ihr das Geld versauft,
Wo eigentlich mir zugebührt.

Hinz und Hillbrecht haben die Dreikantfeile und den
                    Vorschlaghammer an Meßmer verkauft.

Und mich haben sie ausgeschmiert.
Hinz ist überhaupt gar nicht organisiert.
Und der soll mich bloß nicht reizen,
Und deswegen könntest du immerhin die Stube heizen.
Denn wenn wir auch arm sein − −
Ich habe nur eine Hand, aber wehe, wenn sie sich ballt.
Vor den Feuern ist's heiß, und der Heimweg ist kalt.

Und wenn man nach Hause kommt, soll es dann
                                        wenigstens warm sein.
Aber ihr treibt alle Schwindel und Betrug,
Und der Oswald ist ebenso schlecht,
Und Hinz hat an einem Ohr noch übergenug.
Und ich poche auf mein ehrliches Recht
Und lasse mich nicht von denen verkohlen.
– Schweine sind's! –
Und den Hammer und die Feile haben nicht Hillbrecht
                                        und Hinz,
Den habe ich ganz alleine gestohlen!!

Die Geburtenzahl

Die Geburtenzahl
Ging herunter,
Traf den Pfarrer im Tal
Nachts noch munter.

Heidel da diedel dumm
Wie war das schön im Tal!
Aufwärts steigt wiederum
Bald die Geburtenzahl.

      *   *   *

Und dann lächelt alles froh
Im statistischen Büro.

Vier Treppen hoch bei Dämmerung

Du mußt die Leute in die Fresse knacken.
Dann, wenn sie aufmerksam geworden sind, –
Vielleicht nach einer Eisenstange packen, –
Mußt du zu ihnen wie zu einem Kind
Ganz schamlos fromm und ärmlich einfach reden
Von Dingen, die du eben noch nicht wußtest.
Und bittst sie um Verzeihung – einzeln jeden –,
Daß du sie in die Fresse schlagen mußtest.
Und wenn du siegst: So sollst du traurig gehen,
Mit einem Witz. Und sie nie wieder sehen.

Vorm Brunnen in Wimpfen

Du bist kein du,
Wasser. – Hättest nicht Ruh,
Mich auszuhören.

Ihr fließet immerzu
Und immer weiter und möglichst weit.

Wie euch der Brunnen aus eisernen Röhren
In den heißen Althäuserplatz speit,
Erdengeläutert und ausgekühlt;
Da ihr alte und neue Zeit
Und den Himmel abkonterfeit, –

Siehet mein durstiges Staunen
In euch doch immerzu andre.
Immer wieder mit über den Rand gespült,
Fängt es aus eurem Raunen
Nur eines auf: Wandre!

Von euch möcht' ich trinken.

Ihr würdet lau, wenn ihr stehenbliebt,
Ihr würdet trüb. Ihr würdet verweilend
Faulen und stinken.

Was kümmert's euch, ob ein Mensch euch liebt.
Dauernd zerteilt euch selber enteilend,
Seid ihr getrieben ein treibendes
Ganzes, rein Bleibendes.

Sich interessant machen

(Für einen großen Backfisch.)

Du kannst doch schweigen? Du bist doch kein Kind
Mehr! – Die Lederbände im Bücherspind
Haben, wenn du die umgeschlagenen Deckel hältst,
Hinten eine kleine Höhlung im Rücken.
Dort hinein mußt du weichen Käse drücken.
Außerdem kannst du Käsepfropfen
Tief zwischen die Sofapolster stopfen.

—   —   —   —

Lasse ruhig eine Woche verstreichen.
Dann mußt du immer traurig herumschleichen.
Bis die Eltern nach der Ursache fragen.

Dann tu erst, als wolltest du ausweichen,
Und zuletzt mußt du so stammeln und sagen:
»Ich weiß nicht, – ich rieche überall Leichen –.«

— — — —

Deine Eltern werden furchtbar erschrecken
Und überall rumschnüffeln nach Leichengestank
Und dich mit Schokolade ins Bett stecken.
Und zum Arzt sage dann: »Ich bin seelenkrank.«

— — — —

Nur laß dich ja nicht zum Lachen verleiten.
Deine Eltern – wie Eltern so sind –
Werden bald überall verbreiten:
Du wärst so ein merkwürdiges, interessantes Kind.

Das Doktor-Knochensplitter-Spiel

Dazu braucht man nicht viel.
Nur ein Gänse- oder Hühnerknöchelchen.
Du, Berta, bohrst ein Löchelchen
Ins Sofa und schiebst das Knöchelchen
Weit rein, doch immer dicht unter die Sofahaut,
Daß man's von außen wie Knorpel anfassen kann,
Was wie Geschwulst ausschaut.
Das Sofa ist dann dein Mann.
Ich bin der Doktor Frank.
Du sagst: »Mein Mann ist so krank.«
Ich fühle und sage mit ernster Miene:
»Er hat einen Splitter im Herzen sitzen«,
Und nehme das Ölkännchen von eurer Nähmaschine,
Um erstmal Betäubung in das Geschwür einzuspritzen.
Nun kommt die Operation; das ist das Schwere.

Jm Park

Ich nehme ein Messer und eine Schere.
Du nimmst ein Handtuch und fürchtest dich zuzusehn;
Darum drückst du die Augen zu.
Ich tu einen scharfen Schnitt, greife dann
– das muß wie der Blitz geschehn –
Mit der Zange (das ist die Schere) im Nu
Den Knochen aus deinem Mann.
Weil, wenn ich ihn nicht beim ersten Male geschickt
Gleich rausbekomme, – ist die Operation mißglückt.

—   —   —   —

Das nächste Mal bist du Doktor Frank,
Und mein Mann ist krank.

—   —   —   —

Angst darfst du nicht haben. Denn meine und deine
Eltern können uns – – – Weißt du, was ich meine?!?

Im Park

Ein ganz kleines Reh stand am ganz kleinen Baum
Still und verklärt wie im Traum.
Das war des Nachts elf Uhr zwei.
Und dann kam ich um vier
Morgens wieder vorbei,
Und da träumte noch immer das Tier.
Nun schlich ich mich leise – ich atmete kaum –
Gegen den Wind an den Baum,
Und gab dem Reh einen ganz kleinen Stips.
Und da war es aus Gips.

Sonntags

Du redest. Du redest doch auch zu mir?
Die Kanzel ist so hoch entfernt.
Was redest du auf Lateinisch zu mir!
Ich habe doch nie Lateinisch gelernt.

Was redest du so düster und fremd?
Lache doch einmal laut!
Was trägst du für ein feierlich Hemd?
Damit wir bangen? Damit uns graut?

Was gehst du so um den Brei herum,
Um den saftigen, würzigen Brei?
Ich war so froh; nun bin ich dumm
Und risse dir gern das Hemd entzwei.

Und sähe dich gerne splitternackt,
Verzweifelten Gesichts.
Ich bin vielleicht vom Teufel gepackt.
Aber er tut mir nichts.

Abschied von Renée

Wann sieht ein Walfisch wohl je
Ein Reh? –
Ach du! Renée!
Und führen wir zusammen zur See,
Wir landeten bei den Wilden. –
Sag: Ist es nicht noch schöner, in Schnee
Als in Erde zu bilden?

Und sei auch kein Fuß an dem Sinn;
Es schweben auf tanzender Melodie
Zwei Federn einer Indianerin
Fort, fort in die weite Prärie.
Ade Renée!
Wie dunkelschön war unser Dach,
Als leise wir viere
Zusammenrückten vor Blitz und Krach. –
Ich streichle euch guten Tiere,
Nun ich geh.
Mir ist so dienstmädchen-donnerstagweh,
Weil ich nun weiterfahre.
Und ich war hundert Jahre
Mit dir zusammen,
Renée.

Straßenbahn 23 und 13

Was nur in Frankfurt sich begibt:
Die Trambahn hielt auf offner Strecke.
Sie sah am Wege eine S c h n e c k e
Und sagte gähnend: »Steigen Sie ein, wenn es Ihnen beliebt.«
Die Schnecke wehrte: »Danke, mir p r e s s i e r t es.«
Da gab die Bahn ein Abfahrtssignal und noch eins und ein
                                    drittes und viertes.
Und wirklich begann sie allmählich weiter zu fahren,
Um noch vor Sonntag die nächste Station zu erreichen.
Dort lagen an dreihundert Leichen,
Lauter Leute, die über dem Warten verhungert waren.

Malerin Klugschnack

Wenn ich einmal großen Appetit
Auf ein großes Wiener Schnitzel habe,
Und ich esse Käse. Und ein Knabe,
Greller Bettelknabe säße
Weinerlich am Straßenrand;
Und ich drückte ein Stück Käse
In die vorgestreckte Hand.
Und ich zöge magenknurrig
In der Anekdote weiter
Und belöge mich: wie heiter
Das gewesen sei, wie schnurrig.
Und es käme irgendwie
Wer, dessen fidele Güte
Mich zu einem Schnaps einlüde.
Und dann kämen Sie. –
Ja, dann wollt ich Ihnen, die ich eben
Kennenlernte, junge Malerin,
Anfangsunterricht im Malen geben,
Ob ich auch durchaus kein Maler bin.

Guter Rausch

Denken wir jetzt nicht an den Halunken,
Der betrügt, indem er sich besäuft,
Auch nicht an den andern, der betrunken
Schimpft und androht oder Amok läuft,

Nicht an Witzler, nicht an Vielversprecher,
Noch an den, der morgen früh bereut,
Der am Tag vor Nacht- und Nacktheit scheut.
Was ich meine, gilt für andere Zecher.

Ihrer denk ich. Nach dem sechsten Glase,
Oder nach dem dritten oder zehnten,
Kommen sie – nicht etwa in Ekstase –
Sondern in den variiert ersehnten

Zustand, klar und dennoch mild zu sehn,
Mild zu horchen auf die andern, Fremden,
Und wie Engel in schneeweißen Hemden
Sozusagen vor sich selbst zu stehn.

Manchmal schießen sie mit der Pistole
Dann in sich ein ewig tiefes Loch.
Manchmal lächeln sie und trinken noch
Kognak, Zwetschenwasser, Sekt und Bowle.

Aber immer nehmen sie sich vieles
Vor und nehmen vieles still zurück
Und erkennen in Betreff des Zieles
Und der Zukunft ihren Weg zum Glück.

Und man wird um solch entrückte Zeit
Sie beneiden, und man wird sie lieben. –
Wenn sie doch – zu frühem Tod bereit –
Unverändert derart trunken blieben!

Frankfurt an der Oder

Guten Tag. Wie geht es? Leben Sie wohl.
Nicht Oderkrebse aß ich,
Nein: ersten frischen Blumenkohl
Mit Bröseln. Dazu las ich,
Was du mir so ausführlich schriebst,
Daß du die Miete schuldig bliebst.
Ich freute mich, daß du mich liebst.
Die Miete, die vergaß ich.
Denn Frankfurt war so spaßig.
Besonders weil's Karfreitag war,
War alles Langerweile voll.
Ich frug den Mixer an der Bar,
Was man an Frankfurt rühmen soll.
Da mußte der gerade
Mal raus. Und das war schade,
Denn bald darauf ging schon mein Zug.
Ich konnte nicht mehr warten
Und hatte just noch Geld genug
Für ein paar Ansichtskarten.
Ich preßte allen Witz heraus
Und schrieb mit stumpfer Feder
An alle Freunde: »Grüße aus
Frankfurt an der Entweder.«

Aus Bad Tölz an den Onkel

Was doch die Weiber für sonderbare Ideen
Sozusagen wie Bienen ausschwitzen:
Wie wir (Anna fuhr mit mir! Also zu zween!)
Jetzt in Bad Tölz ein Viertel vor zehn
Beim Frühstück (Sülze mit Schoppenwein) sitzen
Und finden alles »delightful« »ergötzlich«,
Und reden zufällig über die Schwaben
Und Bayern und Sachsen,
Äußert Annaweib plötzlich:
Sie möchte so gern ein Kamerunbaby haben,
Aber es dürfe nicht größer wachsen.

Als könnte man solchem Kinde nachts,
Was es tagüber wächst, wieder abschneiden!

Was soll nun der Unsinn bedeuten!
Aber so sind die Weiber. Und schließlich: Was macht's!
Schweinfurtig schwemmt sich die Isar vor unseren Blicken.
So muß der Isonzo wohl ungefähr sein.

Wir beten zum Himmel, er möge schlecht Wetter schicken,
Sonst wird der Kursaal zu meinem Gastspiel ganz leer sein.

Du warst so lieb, lieber Onkel du,
Mir ein Netzhemd zu senden.
Es ist viel zu weit. Aber meine Frau nähte es zu,
Und läßt sich herrlich zur Aufbewahrung von Zwiebeln verwenden.

Ich kann dir auch eine winzige Freude machen,
Hab' für deinen Stammtisch einen ganz neuen Witz.
Du wirst dich in Stücke lachen!

Es kommt ein Jude zum alten Fritz
Und stottert verlegen: »Verzeiht, Exzellenz – –«
Der König läßt ihn nicht weiter sprechen.
»Wie heißt? – Was will er mit Exzellenz?«
Unterbricht er ihn schnell – – –

Verzeih! Ich muß mich jetzt auch unterbrechen.
Man sagt mir eben: In meinem Hotel
Brennt's!

Mannheim

Schaff mir doch jemand den Schutzmann vom Hals!
Der Kerl schreitet ein.
Ich möchte doch gar nichts weiter, als
Nur laut schrein. Ganz laut schrein.
Der aber schreit: Nein,
Das dürfte nicht sein.

Was wär nun an meinem Geschrei
Schlimmes dabei?
Wenn ich doch heute so fröhlich bin.
Dafür haben die von der Polizei
Gar keinen Sinn.

Paßt auf, ihr Leute, was ich nun
Tue. Ich werde nichts Böses tun.
Wenn ich jetzt laufe,
Läuft der besäbelte Mann
Wie wild hinterher.
Aber ich laufe schneller wie der.
Und werde schrein, was ich nur schreien kann.

Was wissen die Polizisten
Vom redlichen Fröhlichsein.

Am Südpol darf jeder Seelöwe schrein
So laut wie er will. –

Schon gut, ich bin ja schon still.

Stuttgart

Ich kam von Düsseldorf, dort sah ich Radschläger.
Ich kam nach Stuttgart, dort trank ich Steinhäger,
Denn mit dem schwäbischen Wein
Scheint mir nicht allzuviel los zu sein,
Wenigstens nicht mit dem billigen.
Doch ich wohnte in dem Olgabau,
Einem Schlosse einer hohen Frau,
Die mir auch die besten Sorten tat bewilligen.
Ach, ich schwirrte von Vergnügen zu Vergnügen.
Schien auch dem Publikum zu genügen.
Durfte über ein Auto verfügen,
Fuhr mit diesem herrschaftlichen Benz
Wie eine quietschfidele Eminenz

Nach Marbach an dem Hause vor,
Wo Kodweiß Schillern einst gebor,
Ging auch kollegial hinein
(Scheinbar schien mir alles dürftig, ernst und klein),
Sah mich also recht bescheiden eilig satt,
Freute mich später kannibalisch dann
Über einen Brunnen Zum wilden Mann,
Welcher Wilde zwei Feigenblätter hat,
Und zwar nämlich eins vorn irgendwo
Und das andere ganz hinten vorm Popo.

Kehren wir nach Stuttgart nun zurück. –
Und wer will, der mag dort bleiben. –
Ich persönlich schwamm dort wie ein Schwamm im Glück
Heißt: Ich soff mich voll und ließ mich treiben.
Nach der Wettermeldung war es kalt.
Ich besuchte eine Irrenanstalt.
Eine Schizophrenin sprach so wunderwirr.
Ach, was ich noch alles schaute!
Und wie fürstlich wohnte, wie gesagt, ich hier!
Daß ich niemals mich aufs Nachtgeschirr
Und auch sonst mir vieles nicht getraute.

Morgen zwölf Uhr lande ich bei dir.
Und was bringe ich als Souvenir?
Was von Stuttgart mit? – Manch treuen Gruß,
Eine Probe des erwähnten Weines,
Anekdoten und ein süßes, kleines
Embryo in Spiritus.

Überall

Überall ist Wunderland.
Überall ist Leben.
Bei meiner Tante im Strumpfenband
Wie irgendwo daneben.

Überall ist Dunkelheit.
Kinder werden Väter.
Fünf Minuten später
Stirbt sich was für einige Zeit.
Überall ist Ewigkeit.

Wenn du einen Schneck behauchst,
Schrumpft er ins Gehäuse.
Wenn du ihn in Kognak tauchst,
Sieht er weiße Mäuse.

Frühling hinter Bad Nauheim

Zwei Eier, ein Brötchen, ein Hut und ein Hund –.
Am Himmel die weiße Watte,
Die ausgezupft
Den Himmel ohne Hintergrund
So ungebildet übertupft,
Erzählt mir, was ich hatte.

Erzählt mir, was ich war.
Ich hatte, was ich habe.
Aber was weiß ich, was ich bin?!
Genau so dumm und vierzig Jahr?

Ich fliege, ein krächzender Rabe,
Über mich selber hin.

Ich bin zum Glück nicht sehr gesund
Und – Gott sei Dank –
Auch nicht sehr krank.

Der Wind entführt mir meinen Hund.
Die Eier, der Kognak, das Brötchen
Schmecken heute besonders gut:
Und siehe da: Mein alter Hut
Macht Männchen und gibt Pfötchen.

Jerusalem

(An ein Dienstmädchen
in Straßburg i. d. Uckermark)

Mein Gold, was sagst denn du dazu,
Daß mich ein Flieger nach Jeru-
Salem hat mitgenommen?
Man ißt hier gut und trinkt sehr viel,
Und zweimal bin ich schon am Nil
Im Delta rumgeschwommen.

Die Stadt hat sehr viel Ähnlichkeit
Und urantike Hallen
Jedoch man wird von Zeit zu Zeit
Von Räubern angefallen.

Die Leute hier sind ziemlich braun
Und heißen Zionisten;
Inwendig aber sind die Fraun
Genau wie bei uns Christen.

Ich habe zehn Moscheen gesehn
Und sprach mit Beduinen.
Ihr Türkisch konnt' ich nicht verstehn,
Wohl aber ihre Mienen.

Am Sonntag kam auf einem Gnu
Der Sultan aus der Wüste,
Und als ich keck ihn mit »Jeru-
Salem Aleikum!« grüßte,

Da lud er mich in sein Palais
Und ließ mich dort entkleiden
Und schenkte mir sein Portemonnaie
Und wollte mich beschneiden.

Ich aber schlich mich leise fort
Und floh im weiten Bogen. –
Mein liebes Gold, auf Ehrenwort:
Ich hab' noch nie gelogen.

Überalldaß a. do Elbe

Übralldaß a. d. Elbe

Übralldaß hat ein Publikum,
Das blickt so dumm, so gottlos dumm,
Daß man es prügeln müßte,
Wenn man nicht sicher wüßte,
Daß es ja selbst nicht weiß, warum.

Sein Horizont befindet
Sich in dem Mittelpunkt der Stadt.
Die Leute dort verbindet
Das Fehlende, das jeder hat.

Sie sehnen nie, sie beten nie.
Sie wissen, daß sie besser sind.
Die Luft ist dort gefroren.
Und keiner – scheint's – macht dort Pipi.
Sie rümpfen, wenn man sagt: Ein Kind
Würde gezeugt, geboren.

Sie schlafen, wenn sie wachen,
Leben vielleicht auch umgekehrt.
Sie kauen, wenn sie lachen.
Und dort wird gottlos viel verzehrt.
Sie sind nur Gaumen und Popo.
Zwar ist nicht jedermann dort so,
Ein paar sind ausgenommen;
Zwei sind sogar verehrungswert.

Soll einer von dort kommen,
Der über mich sich nun beschwert.

Antwort an einen Kollegen

Ob du Artist, ob du Franz Liszt,
Ein Christ, ein Mist, ein sonst was bist, –
Bezweifle es. Und dir zum Heil
Bezweifle auch das Gegenteil.

Was dir die Ideale nimmt,
Der Satz: daß nichts, was zutrifft, trifft,
(Ein Satz, der darum selbst nicht stimmt)
Ist nur für Überlegene Gift.

Doch hüte dich, an diesen Satz
Zu glauben, gar ihn zu betonen.
Freu dich an Hatz und Schmatz und Spatz,
An Unzucht oder Kaffeebohnen.

Doch sollte etwas in dir wohnen,
Bewirkend, daß du mich verstehst
Und lachst und dankbar weitergehst
Und dennoch etwas Beßres weißt,
Dann glaub ich, daß du richtig reist.

Ich habe dich so lieb

Ich habe dich so lieb!
Ich würde dir ohne Bedenken
Eine Kachel aus meinem Ofen
Schenken.

Ich habe dir nichts getan.
Nun ist mir traurig zu Mut.
An den Hängen der Eisenbahn
Leuchtet der Ginster so gut.

Vorbei – verjährt –
Doch nimmer vergessen.
Ich reise.
Alles, was lange währt,
Ist leise.

Die Zeit entstellt
Alle Lebewesen.
Ein Hund bellt.
Er kann nicht lesen.
Er kann nicht schreiben.
Wir können nicht bleiben.

Ich lache.
Die Löcher sind die Hauptsache
An einem Sieb.

Ich habe dich so lieb.

Letztes Wort an eine Spröde

Wie ich bettle und weine –
Es ist lächerlich.
Schließe deine Beine! –
Ich liebe dich.

Schließe deine Säume
Oben und unten am Rock.
Was ich von dir träume,
Träumt ein Bock.

Sage: Ich sei zu dreist.
Zieh ein beleidigtes Gesicht.
Was »Ich liebe dich« heißt,
Weiß ich nicht.

Zeige von deinen Beinen
Nur die Konturen kokett.
Gehe mit einem gemeinen,
Feschen Heiratsschwindler zu Bett.

Finde ich unten im Hafen
Heute ein hurendes Kind,
Will ich bei ihr schlafen;
Bis wir fertig sind.

Dann: – die Türe klinket
Leise auf und leise zu.
Und die Hure winket –
Glücklicher als du.

Maiengruß an den Redakteur

Frühlingszartes Wohlbehagen
Schwellt erfrorne Poesie.
Maiberauscht im Speisewagen
Ballt sich etwas wie Genie.

Weil Berlin voraus in Sicht ist
Und die Sonne mich bestrahlt.
Und je länger ein Gedicht ist,
Desto besser wird's bezahlt.

Darum: Hundertzweiundneunzig
Tausend und fünfhundertzwei
Oder noch mehr Leute freun sich.
Denn der Winter ist vorbei.

Elf Millionen zweimal hundert
Tausend siebenhundertzehn
Menschen sind etwas verwundert,
Weil kein Maikäfer zu sehn.

Sechs Billionen zwölf Milliarden –
Schätzungsweise – fragen sich:
Wo steckt Maximilian Harden.
Nun, verflucht, was kümmert's mich.

Vier Trillionen neun Billionen
Zirka siebenhundertelf
Milliarden fünf Millionen
Achtzehntausend hundertzwölf – –

Und ich könnte das erweitern
Bis in die Unendlichkeit,
Doch ein Dichter tritt den heitern
Frühlingszarten Mai nicht breit.

Sondern trinkt, sich selbst beschränkend,
Maienbowle, Maienkraut,
Seines Redakteurs gedenkend,
Dem er voll und ganz vertraut.

Ferngruß von Bett zu Bett

Wie ich bei dir gelegen
Habe im Bett, weißt du es noch?
Weißt du noch, wie verwegen
Die Lust uns stand? Und wie es roch?

Und all die seidenen Kissen
Gehörten deinem Mann.
Doch uns schlug kein Gewissen.
Gott weiß, wie redlich untreu
Man sein kann.

Weißt du noch, wie wir's trieben,
Was nie geschildert werden darf?
Heiß, frei, besoffen, fromm und scharf.
Weißt du, daß wir uns liebten?
Und noch lieben?

Man liebt nicht oft in solcher Weise.
Wie fühlvoll hat dein spitzer Hund bewacht.
Ja unser Glück war ganz und rasch und leise.
Nun bist du fern.
Gute Nacht.

Die Riesendame der Oktoberwiese

Die Zeltwand spaltete sich weit,
Und eine ungeheure Glocke wuchtete
Herein. »Emmy, das größte Wunder unsrer Zeit!«
Dort, wo der Hängerock am Halse buchtete,
Dort bot sich triefenden Quartanerlüsten
Die Lavamasse von alpinen Brüsten,
Die majestätisch auseinanderfloß.
»Emmy, der weibliche Koloß.«
Hilflose Vorderschinken hingen
Herunter, die in Würstchen übergingen.
Und als sie langsam wendete: – Oho! –
Da zeigte sich der Vollbegriff Popo
In schweren erzgegoßnen Wolkenmassen.
»Nicht anfassen!«
Und flüchtig unter hochgerafften Segeln
Sah man der Oberschenkel Säulenpracht.
Da war es aus. Da wurde gell gelacht.
Ich wußte jeden Witz zu überflegeln,
Und jeder Beifall stärkte meinen Schwung.
Die Dicke schwieg. Ich gab die Vorstellung.

Besonders lachten selbst recht runde Leute.
Ich wartete, bis sich das Volk zerstreute.

Nacht war es worden. Emmy ließ sich dort,
Wo sie gestanden, dumpf zum Nachtmahl nieder.
Sie schlang mit Gier, doch regte kaum die Glieder.
»Sag, Emmy, würdest du ein gutes Wort,
Das keinen Witz und keine Neugier hat,
Von einem, der dich tief betrauert, hören?«

Sie sah nicht auf. Sie nickte kurz und matt:
»Nur zu! Beim Essen kann mich gar nichts stören.«

»Emmy! Du armes Wunderwerk der Zeit!
Du trittst dich selbst mit ordinären Reden,
Mit eingelerntem hohlen Vortrag breit.
Du läßt die schlimme Masse deines Fettes
Von jedem Buben, jeder Dirne kneten.
Man kann den Scherz vom Umfang deines Bettes,
Der Badewanne bis zum Ekel spinnen.
Und so tat ich. Und konnte nicht von hinnen.
Ich dachte mich beschämt in dich hinein.
Es müßte doch in dir, in deinem Leben
Sich irgendwo das Schmerzgefühl ergeben:
Ein Dasein lang nicht Mensch noch Tier zu sein.«
Hier hielt ich inne, dachte zaghaft nach.
Bis ein Geräusch am Eingang unterbrach.

Es nahte sich mit wohlgebornen Schritten
Der Elefant vom Nachbarzelt
Und sagte: »Emmy, schwerste Frau der Welt,
Darf ich um einen kleinen Beischlaf bitten?«

Diskret entweichend konnte ich noch hören:
»Nur zu! Beim Essen kann mich gar nichts stören.«

Genau besehn

Wenn man das zierlichste Näschen
Von seiner liebsten Braut
Durch ein Vergrößerungsgläschen
Näher beschaut,
Dann zeigen sich haarige Berge,
Daß einem graut.

An den Mann im Spiegel

Du bist ein krummer, dummer Hund!
Und hast es doch so gut gehabt,
Bist gar nicht reich und bist gesund,
Auch großenteils nicht unbegabt.

Du altes Schwein im Trüffelbeet,
Weißt du auch stets, wie gut's dir geht?

Du, spring nicht über Schranken,
Die höher, als du selbst bist, sind.
Vergiß nie, täglich wie ein Kind
Für alles tief zu danken.

Kindergebetchen

Erstes

Lieber Gott, ich liege
Im Bett. Ich weiß, ich wiege
Seit gestern fünfunddreißig Pfund.
Halte Pa und Ma gesund.
Ich bin ein armes Zwiebelchen,
Nimm mir das nicht übelchen.

Zweites

Lieber Gott, recht gute Nacht.
Ich hab noch schnell Pipi gemacht,
Damit ich von dir träume.
Ich stelle mir den Himmel vor
Wie hinterm Brandenburger Tor
Die Lindenbäume.
Nimm meine Worte freundlich hin,
Weil ich schon sehr erwachsen bin.

Drittes

Lieber Gott mit Christussohn,
Ach schenk mir doch ein Grammophon.
Ich bin ein ungezognes Kind,
Weil meine Eltern Säufer sind.
Verzeih mir, daß ich gähne.
Beschütze mich in aller Not,
Mach meine Eltern noch nicht tot
Und schenk der Oma Zähne.

Frucht-Zucht-Frucht

Bananen, Melonen, Ananas – –.
Alle Früchte haben etwas –
Frei gesagt: Unanständiges,
Etwas Nuditätes an sich.
Darüber freue ich mich.
Denn das ist etwas Unbändiges.
Instinktiv oder auch bewußt
Haben wir alle daran unsre Lust.

Aber die darüber erschreckt sind,
Sich entrüsten und jemand verklagen,
Denen wollen wir andere sagen,
Daß wir schon lang nicht mehr a. A. geleckt sind.
Und das muß – wenn auch nur theoretisch –
Immer mal wieder auf Erden geschehn.
Sonst werden wir Mehlbrei und hyperästhetisch
Und werden rot, wenn wir Pfirsiche sehn.

Offener Antrag auf der Straße

Ich habe einen Frisiersalon.
Komm mit. Dort wollen wir knutschen.
Ich wollte, ich wäre ein Malzbonbon
Und du, du würdest mich lutschen.

Wir geben dem Lehrbub den Nachmittag frei
Und schreiben »Geschlossen bis sieben«.
Ich habe Rotwein im Laden und drei
Dicke Roßhaarsäcke zum Lieben.

Ich werde dich unentgeltlich frisiern
Und dir die Nägel beschneiden.
Du brauchst dich gar nicht vor mir geniern,
Denn ich mag dicke Fraun leiden.

Ich habe auch Schwarzbrot und Butter und Quark
Und außerdem einen großen – –
Donnerwetter, sind deine Muskeln stark!
Du, zeig mal: Was hast du für Hosen?

Wenn du dann fortgehst, bedanke dich nicht,
Sondern halt es mit meinem Freund Franke.
Der sagt immer, wenn man vom lieben Gott spricht:
»Wem's gutgeht, der sagt nicht danke.«

Lebhafte Winterstraße

Es gehen Menschen vor mir hin
Und gehen mir vorbei, und keiner
Davon ist so, wie ich es bin.
Es blickt ein jedes so nach seiner
Gegebenen Art in seine Welt.

Wer hat die Menschen so entstellt??

Ich sehe sie getrieben treiben.
Warum sie wohl nie stehenbleiben,
Zu sehen, was nach ihnen sieht?
Warum der Mensch vorm Menschen flieht?

Und eine weiße Weite Schnee
Verdreckt sich unter ihren Füßen.
So viele Menschen. Mir ist weh:
Keinen von ihnen darf ich grüßen.

Stille Winterstraße

Es heben sich vernebelt braun
Die Berge aus dem klaren Weiß,
Und aus dem Weiß ragt braun ein Zaun,
Steht eine Stange wie ein Steiß.

Ein Rabe fliegt, so schwarz und scharf,
Wie ihn kein Maler malen darf,
Wenn er's nicht etwa kann.
Ich stapfe einsam durch den Schnee.
Vielleicht steht links im Busch ein Reh
Und denkt: Dort geht ein Mann.

Entschuldigungsbrief

Mein lieber S., als ich am andern Tag
Erwachte, wußte ich nicht mehr Genaues.
Ich hab ein rotes Auge, Ruth ein blaues.
Wie sich das zugetragen haben mag!!

In meinem Anzug klebt ein Pfund Spinat.
Wie kam das nur? Ich weiß nur noch, daß Deine
Frau oder Oskars in den Spiegel trat.
Doch wer goß Hermann Suppe auf die Beine?

Ich gebe zu, daß ich den Anlaß gab.
Ich war besoffen wie noch nie seit Wochen.
Verzeiht mir, was ich ge-, zer- und verbrochen
Und daß ich Fips mit Wachs beträufelt hab.

Nun sind wir alle plötzlich jäh entzweit
Und waren Freunde, die nie beßre finden.
Man sollte bei solch reicher Festlichkeit
Lieber mehr essen und sich überwinden.

Wie war die Bowle gut und der Fasan!
Vorbei. – Am liebsten würd ich mich erhängen. –
Verdammt nicht ganz den, der das Porzellan
Euch gern ersetzen will. Ohne sich aufzudrängen.

Königsberg in Preußen
(Februar 1929)

In Königsberg zum zweitenmal.
Ich wohnte im Hotel Central,
Dort war gut hausen.
Doch draußen:
An Kälte zweiunddreißig Grad.
Ich ächzte und ich stöhnte.
Ja, Königsberg war stets ein Bad
Für südwarm weich Verwöhnte.
Und weil ein Streik der Autos war,
Verfluchte ich den Februar,
Was den durchaus nicht rührte.
Doch was ich so an Menschen sah,
Das war mir hell und war mir nah,

So, daß ich Freundschaft spürte.
Die Mädchen, die mir's angetan,
Die wirkten so wie Walzen
Und schmeckten doch wie Marzipan,
Nur kräftig und gesalzen.
Und sollte es hier einen Sarg,
So krumm, wie ich bin, geben,
So möcht ich gern in Königsberg
Begraben sein und leben.

Morsche Fäden

Zu einem Trödler
Kam ein Greis mit einer sauern
Gurke,
Sprach: »Ich bin ein Gnadenbrötler
Bei einem Bauern.
Der ist ein Schurke.

Diese Gurke bringe ich aus Not.
Kleine Knöpfe möchte ich dafür.
Denn man kann sich nicht mit Gnadenbrot
Knöpfe kaufen für die Hosentür.«

Und der Trödlersmann verschmähte
Nicht die Gurke noch des Greises Wort,
Denn der kam ihm sehr bedürftig vor,
Sondern bückte sich und nähte
Hundert goldne Knöpfe ihm sofort
Eigenhändig an das Hosentor.

Und der Greis sprach: »Danke« und verneigte
Sich und ging mit offnem Hosenlatz
Selig durch die Straßen, und er zeigte
Allen Menschen seinen goldnen Schatz.

Bis ihn schließlich ein gewisses
Schicksal in ein Irrenhaus berief,
Ob Erregung öffentlichen Ärgernisses.
Bis er Knöpfe schluckte und entschlief.

An Berliner Kinder

Was meint ihr wohl, was eure Eltern treiben,
Wenn ihr schlafen gehen müßt?
Und sie angeblich noch Briefe schreiben.
Ich kann's euch sagen: Da wird geküßt,
Geraucht, getanzt, gesoffen, gefressen,
Da schleichen verdächtige Gäste herbei.
Da wird jede Stufe der Unzucht durchmessen
Bis zur Papagei-Sodomiterei.
Da wird hasardiert um unsagbare Summen.
Da dampft es von Opium und Kokain.
Da wird gepaart, daß die Schädel brummen.
Ach schweigen wir lieber. – Pfui Spinne, Berlin!

Beinchen

Beinchen wollen stehen.
Beinchen wollen gehen,
Sich im Tanze drehen.
Beinchen wollen ruhn.
Beinchen wollen spreizen,
Wollen ihren Reizen
Jegliche Gelegenheit
Geben. Haben jederzeit
Muskulös zu tun.

Beine dick und so und so,
Beine dünn wie Stange.
Alle Beine sind doch froh.

Arme, arme Schlange!

Arm Kräutchen

Ein Sauerampfer auf dem Damm
Stand zwischen Bahngeleisen,
Machte vor jedem D-Zug stramm,
Sah viele Menschen reisen

Und stand verstaubt und schluckte Qualm,
Schwindsüchtig und verloren,
Ein armes Kraut, ein schwacher Halm,
Mit Augen, Herz und Ohren.

Sah Züge schwinden, Züge nahn.
Der arme Sauerampfer
Sah Eisenbahn um Eisenbahn,
Sah niemals einen Dampfer.

Kinder, ihr müßt euch mehr zutrauen!
Ihr laßt euch von Erwachsenen belügen
Und schlagen. – Denkt mal: Fünf Kinder genügen,
Um eine Großmama zu verhauen.

Silvester bei den Kannibalen

Am Silvesterabend setzen
Sich die nackten Menschenfresser
Um ein Feuer, und sie wetzen
Zähneklappernd lange Messer.

Trinken dabei – das schmeckt sehr gut –
Bambus-Soda mit Menschenblut.

Dann werden aus einem tiefen Schacht
Die eingefangenen Kinder gebracht
Und kaltgemacht.
Das Rückgrat geknickt,
Die Knochen zerknackt,
Die Schenkel gespickt,
Die Lebern zerhackt,
Die Bäuchlein gewalzt,
Die Bäckchen paniert,

Die Zehen gesalzt
Und die Äuglein garniert.

Man trinkt eine Runde und noch eine Runde.
Und allen läuft das Wasser im Munde
Zusammen, ausnander und wieder zusammen.
Bis über den feierlichen Flammen
Die kleinen Kinder mit Zutaten
Kochen, rösten, schmoren und braten.

Nur dem Häuptling wird eine steinalte Frau
Zubereitet als Karpfen blau.
Riecht beinah wie Borchardt-Küche, Berlin,
Nur mehr nach Kokosfett und Palmin.

Dann Höhepunkt: Zeiger der Monduhr weist
Auf zwölf. Es entschwindet das alte Jahr.
Die Kinder und der Karpfen sind gar.
Es wird gespeist.

Und wenn die Kannibalen dann satt sind,
Besoffen und überfressen, ganz matt sind,
Dann denken sie der geschlachteten Kleinen
Mit Wehmut und fangen dann an zu weinen.

Die neuen Fernen

In der Stratosphäre,
Links vom Eingang, führt ein Gang
(Wenn er nicht verschüttet wäre)
Sieben Kilometer lang
Bis ins Ungefähre.

Dort erkennt man weit und breit
Nichts. Denn dort herrscht Dunkelheit.
Wenn man da die Augen schließt
Und sich langsam selbst erschießt,
Dann erinnert man sich gern
An den deutschen Abendstern.

Liedchen

Die Zeit vergeht.
Das Gras verwelkt.
Die Milch entsteht.
Die Kuhmagd melkt.

Die Milch verdirbt.
Die Wahrheit schweigt.
Die Kuhmagd stirbt.
Ein Geiger geigt.

Morgenwonne

Ich bin so knallvergnügt erwacht.
Ich klatsche meine Hüften.
Das Wasser lockt. Die Seife lacht.
Es dürstet mich nach Lüften.

Ein schmuckes Laken macht einen Knicks
Und gratuliert mir zum Baden.
Zwei schwarze Schuhe in blankem Wichs
Betiteln mich »Euer Gnaden«.

Aus meiner tiefsten Seele zieht
Mit Nasenflügelbeben
Ein ungeheurer Appetit
Nach Frühstück und nach Leben.

Thar

Als ich abends den Zoo verließ,
Entdeckte ich noch ein Tier. Das hieß
Thar,
Himalaja. Es war
Wunderbar.

Seines Felles langseidenes Haar
Legte ein Wind bald sohin, bald sohin.
Es hatte wonnige Farben in Braun.

Das Tier schien mir durch die Seele zu schaun
Und weiter und fernhin, doch wohin?

– Himalaja – Himalaja –
Der, die oder das Thar? –

Wie ernst ich vor dem Käfig war.

Schweigen

Manche Leute verneigen
Sich gern vor Leuten, die ernsten Gesichts
Langdauernd schweigen.

Manche Leute neigen
Dazu, zu grollen, wenn andere schweigen.

Schonet das Schweigen! Es sagt doch nichts.

Seemann kommt aus Pariser Kino

»Sous les toits de Paris.«
Wenn sie's doch alle so hätten
Wie wir zur See. – – In den großen Städten,
Wenn ich das Wasser verließ,
Trieb ich's, wie sie's
Treiben – hier su lä tua de Paris.

Sailing is better! –
Aber die in den Städten haben doch
Auch gutes und schlechtes Wetter
Und über den Dächern den Himmel – – Und sous?
Armut. – Hm – Aber sie haben dazu
Doch Weiber! – Ja wosch lublu! –

»Sous les toits de Paris.«
Alles verstand ich nicht.
Aber ich kenne doch die,
Die hart unterm Dache wohnen.

Das war so: Die Mutter der Welt spricht
Einfach zu allen Nationen,
Frenchmen, Englishmen, Holländer – – –

Hallo! He da! Nicht so schnell!
Pardon, liebe Mademoiselle.
Leben – waren auch Sie
Sous les toits de Paris?

Frau Werner hieß das Tier

(22. Juni 1931)

Mein Hund, den ich einmal an Oertners gab,
Weil sie ihn überlieb gewonnen hatten,
Den mußten sie heute bestatten.
Betteten ihn in ein Hundegrab.

Eine Terrierhündin, die vierzehn Jahr
Alt wurde und Kriegskameradin mir war,
Ist sanft und rührend entschlafen.
Nun weinen die Oertners, die braven.

Mich tröstet traurig: So ging's, so geht's.
Hat Bug wie Heck seine Wellen. –
In meinem besten Erinnern wird stets
Etwas wedeln und etwas bellen.

Und auf einmal steht es neben dir

Und auf einmal merkst du äußerlich:
Wieviel Kummer zu dir kam,
Wieviel Freundschaft leise von dir wich,
Alles Lachen von dir nahm.

Fragst verwundert in die Tage.
Doch die Tage hallen leer.
Dann verkümmert deine Klage . . .
Du fragst niemanden mehr.

Lernst es endlich, dich zu fügen,
Von den Sorgen gezähmt.
Willst dich selber nicht belügen
Und erstickst es, was dich grämt.

Sinnlos, arm erscheint das Leben dir,
Längst zu lang ausgedehnt. – –
Und auf einmal – –: Steht es neben dir,
An dich angelehnt – –
Was?
Das, was du so lang ersehnt.

Ehrgeiz

Ich habe meinen Soldaten aus Blei
Als Kind Verdienstkreuzchen eingeritzt.
Mir selber ging alle Ehre vorbei,
Bis auf zwei Orden, die jeder besitzt.

Und ich pfeife durchaus nicht auf Ehre.
Im Gegenteil. Mein Ideal wäre,
Daß man nach meinem Tod (grano salis)
Ein Gäßchen nach mir benennt, ein ganz schmales
Und krummes Gäßchen, mit niedrigen Türchen,
Mit steilen Treppchen und feilen Hürchen,
Mit Schatten und schiefen Fensterluken.

Dort würde ich spuken.

Abschiedsworte an Pellka

Jetzt schlägt deine schlimmste Stunde,
Du Ungleichrunde,
Du Ausgekochte, du Zeitgeschälte,
Du Vielgequälte,
Du Gipfel meines Entzückens.
Jetzt kommt der Moment des Zerdrückens
Mit der Gabel! – – Sei stark!
Ich will auch Butter und Salz und Quark
Oder Kümmel, auch Leberwurst in dich stampfen.
Mußt nicht so ängstlich dampfen.
Ich möchte dich doch noch einmal erfreun.
Soll ich Schnittlauch über dich streun?
Oder ist dir nach Hering zumut?

Du bist ein so rührend junges Blut. –
Deshalb schmeckst du besonders gut.
Wenn das auch egoistisch klingt,
So tröste dich damit, du wundervolle
Pellka, daß du eine Edelknolle
Warst und daß dich ein Kenner verschlingt.

Wie mag er aussehn?

Wer hat zum Steuerbogenformular
Den Text erfunden?
Ob der in jenen Stunden,
Da er dies Wunderwirr gebar,
Wohl ganz – – – oder total – – war?

Du liest den Text. Du sinnst. Du spinnst.
Du grinst – »Welch Rinds'« – Und du beginnst
Wieder und wieder. – Eisigkalt
Kommt die Vision dir »Heilanstalt«.

Für ihn? Für dich? – Ein Witz erblaßt.
Der Mann, der jenen Text verfaßt,
Was mag er dünkeln oder wähnen?
Ahnt er denn nichts von Zeitverlust und Tränen?

Wir kommen nicht auf seine Spur.
Und er muß wohl so sein und bleiben.
Auf seinen Grabstein sollte man nur
Den Text vom Steuerbogen schreiben.

Stuttgarts Wein- und Bäckerstübchen

Vor dem heißen Ofen balgen
Katzen sich. Wie dumme Jungen.
Auf dem Tisch an kleinem Galgen
Hängen Brezel, schön geschwungen.

Würdebärte schlürfen kräftig
Wichtig diskutierte Weine. –
Links im Laden bückt die kleine
Bäckerstochter sich geschäftig.

Zinn blitzt von der Holz-Fassade.
Zeichnungen an allen Wänden,
(Stumm, mit mehlbestaubten Händen,
Rückt der Wirt die schiefen gerade.)

Setzte mich so ganz bescheiden hin
Und vergaß auch nicht, sehr laut zu grüßen.
Dennoch ließen Blicke mich leicht büßen,
Daß ich kein Stuttgarter bin.

Der sächsische Dialekt

Wenn man den sächsischen Dialekt
Ein bißchen dehnt und ein bißchen streckt
Und spricht ihn noch ein bißchen tran'ger,
Dann hält einen jeder für einen S p a n i e r!

Unveröffentlichte Fassung:

Wemmer dn sächsschen Dialekt
Ä bisschen dehnt, ä bisschen schdreckt
Un schbrichdn noch ä bisschen trahnichr, – –
Dann häld en jeder fürn Schbanichr.

Sieben Lieder einer Heimfahrt

I.

Das Lied von der Hochseekuh

(Chanty zum Tauziehen)

Zwölf Tonnen wiegt die Hochseekuh.
Sie lebt am Meeresgrunde.
Ohei! – – Uha!
Sie ist so dumm wie ich und du
Und läuft zehn Knoten in der Stunde.
Ohei! – – Uha!

Sie taucht auch manchmal aus dem Meer
Und wedelt mit dem Schweife.
Ohei! – – Uha!
Und dann bedeckt sich rings umher
Das Meer mit Schaum von Seife.
Ohei! – – Uha!

Die Kuh hat einen Sonnenstich
Und riecht nach Zimt und Nelken.
Ohei! – – Uha!
Und unter Wasser kann sie sich
Mit ihren Hufen melken.
Ohei! – – Uha!

Fünf über ein Thema

Großer Vogel

Die Nachtigall ward eingefangen,
Sang nimmer zwischen Käfigstangen.
Man drohte, kitzelte und lockte.
Gall sang nicht. Bis man die Verstockte
In tiefsten Keller ohne Licht
Einsperrte. – Unbelauscht, allein
Dort, ohne Angst vor Widerhall,
Sang sie
Nicht – –,
Starb ganz klein
Als Nachtigall.

Fünf über ein Thema

I.

Einst war ich Seemann. Ich habe seitdem
Einen schwankenden Gang. Nun tuscheln
Die Menschen manchmal gedankenbequem
Hinterm Rücken oder ganz offen:
»Der Kerl ist wieder besoffen.«

II.

Ich kann oft Menschen nicht wiedererkennen
Noch ihrer erinnern. Ich kenne zu viel.
Das ist keine Pose, das ist kein Spiel.
Die, die mich deshalb betrunken nennen,
Die treffen mich, aber nicht ihr Ziel.

III.

Man schämt sich immer von neuem zu fragen,
Und weil ich leider so schwerhörig bin,
Gebe ich oft lieber Antworten hin,
Die gar nichts besagen. Ich gelte dann
Bei vielen für den berauschten Mann.

IV.

Vor dem Vatikan in Rom
Lag ein Atom.
Ich stolperte so von ungefähr
Darüber. Die Menge meinte,
Daß ich nicht nüchtern wär. –
Nur das Atom weinte.

V.

Ich ging vom Herrenabend um drei
Früh heim, meiner Ansicht nach nüchtern,
Und biß unterwegs aus Scherz und fast schüchtern
Einem Schutzmann die untere Nase entzwei.
Da hat dieser dreiste Lümmel gewagt,
Mich anzuzeigen. Hat unter Eid
Vor sieben Zeugen laut ausgesagt:
Ich sei angeheitert gewesen. –
Dieser Beamte tut mir leid.

Nachwort
von Robert Gernhardt

Überall ist Ringelnatz

Eine Lanze für diesen Dichter brechen zu wollen hieße Ringel nach Natz tragen – warum dann noch dieses Nachwort?

Darum: Zwar ist Hans Bötticher alias Joachim Ringelnatz beileibe kein verkannter Dichter, doch ein Großteil seiner Gedichte – darunter einige seiner besten – ist herzlich unbekannt. Woher ich das weiß? Ich schließe ganz einfach von mir auf andere.

Vom Dichter Ringelnatz weiß ich seit Jahrzehnten, und jahrzehntelang glaubte ich auch, seine Gedichte so einigermaßen zu kennen. Was aber kannte ich von seinen Gedichten?

Das, was ich in Auswahlbänden, vor allem aber in Anthologien zu Gesicht bekommen hatte. So ist mir seit Schülerzeiten der Bumerang ein Begriff, der ein kleines Stück zu lang und damit gut für zwei geflügelte Zeilen war: »Publikum – noch stundenlang – / Wartete auf Bumerang.« Auch sind mir seit jeher die Ameisen vertraut, die nach Australien reisen wollten, aber: »Bei Altona auf der Chaussee / Da taten ihnen die Beine weh«, weshalb aus der Reise nichts wird, und so fortan: Turngedichte kamen im Laufe der frühen Jahre hinzu, der Seemann Kuttel Daddeldu kreuzte auf, zarte Gebilde wie das Reh im Park, welches nach einem Stips aus Gips ist, rundeten mein Ringelnatz-Bild ebenso ab wie kauzig-weise Zeilen, die, einmal gehört, nicht mehr aus dem Gedächtnis zu tilgen waren: »Überall ist Wunderland. / Überall ist Leben./ Bei meiner Tante im Strumpfenband / Wie irgendwo daneben . . .«

Ein durchaus achtens- und liebenswerter Ringelnatz, und doch einer aus zweiter Hand: Auswahlbände spiegeln nicht zuletzt den Geschmack der Auswählenden wider, und Anthologisten neigen dazu, sich an Vorgänger-Anthologien zu orientieren. Mit dem Ergebnis, daß eine äußerst disparate Gedicht-Ernte häufig zu einem allgemein verträglichen Instant-Ringelnatz eingedampft wurde, hirnschonend und herzfreundlich, an welchem auch ich immer wieder gerne nippte, ohne daß er mein Leib- und Magendichter geworden wäre.

Ich sehe Ringelnatz mit anderen Augen, seitdem ich seine »Sämtlichen Gedichte« kenne. Mitte der 90er Jahre bekam ich sie in die Hände, reichlich spät, wenn man bedenkt, daß Walter Papes Ringelnatz-Ausgabe, »Das Gesamtwerk in sieben Bänden«, bereits Anfang der 80er komplett vorlag.

Die rund 2500 »Sämtlichen Gedichte« verteilen sich auf siebzehn Buchveröffentlichungen, auf verstreut Gedrucktes und auf den Nachlaß – erst wer sich einigermaßen gewissenhaft durch diese riesige Retrospektive gelesen hat, darf sicher sein, »seinen« Ringelnatz zu kennen. Das klingt nach Arbeit, ist aber ein vielschichtiges Vergnügen, das um so größer wird, je weiter die Lektüre fortschreitet.

Ringelnatz' Anfänge freilich lassen nichts dergleichen erwarten. 1910 sticht er in die See der Literatur, mit zwei sehr unterschiedlichen Gedichtbänden, die doch eines verbindet: Das Kinderbuch »Kleine Wesen« ist bemüht lustig und der »Gedichte« betitelte Band angestrengt ernst: »Es war einmal ein kleiner Funke. / Das war ein großer Erzhallunke« – so etwas zündet ebensowenig wie jene dunkel rilkisierenden Zeilen, welche die »Gedichte« einleiten: »Ich werde nicht enden zu sagen: / Meine Gedichte sind schlecht. / Ich werde Gedanken tragen / Als Knecht . . .«

Was Ringelnatz glücklicherweise nur einen Gedichtband lang versucht, zwei Jahre später kreuzt er in einem ganz anderen Fahrwasser.

»Die Schnupftabakdose« enthält bereits einige seiner Klassiker, die reiselustigen Ameisen ebenso wie das Suahelischnurrbarthaar »des Nachts um drei am Kattegatt«. Erstmals setzt Ringelnatz ganz auf Komik, lediglich die irritierend demütige Unterzeile»Stumpfsinn in Versen« verrät, daß er sich seiner Sache noch nicht ganz sicher ist. Wie anders Morgenstern, der zwei Jahre zuvor einem Kritiker den vorauseilenden Verweis erteilt hatte, er möge doch bitte die Begriffe »Blödsinn oder Stumpfsinn« in seiner Kritik meiden, »wenn auch noch so glänzend epithetiert« – seine helle und schnelle Komik dürfe nicht mit gängigem Bierbankhumor in einen Topf geworfen werden.

Was selbstredend auch für Ringelnatz gilt. Dessen Lyrik-Schiffchen gewinnt in den Folgejahren zunehmend an Fahrt und steuert durch immer schnellere Gewässer in immer hellere Regionen. 1920 ist nicht nur das Jahr der »Turngedichte« – »Deutsches Mädchen – Grätsche! Grätsche!« –, da entert nicht nur der Seemann Kuttel Daddeldu den mit immer originellerer Fracht beladenen Kahn, da erklingt in der »Ansprache eines Fremden an eine Geschminkte vor dem Wilberforcemonument« jener durch und durch persönliche Ringelnatz-Sound der meist diskret gereimten, stets gewagten und immer traumhaft sicher landenden Gedankensprünge: »Ich bin etwas schief ins Leben gebaut. / Wo mir alles rätselvoll ist und fremd, / Da wohnt meine Mutter. – Quatsch! Ich bitte dich: Sei recht laut!«

Doch Ringelnatz kann und traut sich noch mehr. Ein Jahr drauf leitet er das Bändchen »Die gebatikte Schusterpastete« mit einem programmatischen Gedicht ein, welches belegt, was in den verstrichenen elf Jahren aus dem verzagten Gedankenträger der »Gedichte« geworden ist, ein Hecht im Lyrik-Karpfenteich: »Ich darf den Sau, das Klops, das Krokodil / Und jeden andern Gegenstand bedichten . . . / Was könnte mich zu reinem Geist und Reim, / Was zu Geschmack und zu Humor verpflichten?«

Natürlich nichts und niemand. Dann schon lieber – wenn es denn der Gedichtfindung dient – Ungeist, unreiner Reim, Geschmacklosigkeit und – nein: nicht Humorlosigkeit, sondern Bedenkenlosigkeit – alles Disziplinen, in welchen Ringelnatz alle dichtenden deutschen Zeitgenossen weit hinter sich läßt, Brecht natürlich immer und Benn hin und wieder ausgenommen.

Die erweiterte Ausgabe von »Kuttel Daddeldu«, 1923, gefolgt von »Geheimes Kinder-Spiel-Buch«, 1924, markieren je nach Blickwinkel Höhe- bzw. Tiefpunkte deutschen Dichtens, in welchen viel von dem vorweggenommen wird, was Brecht an schlagenden Argumenten ins Gedicht einbringen sollte: »Der Mensch ist gar nicht gut / Drum hau ihm auf den Hut . . .«

Vier Jahre zuvor bereits hatte Ringelnatz sein Gedicht »Vier Treppen hoch bei Dämmerung« folgendermaßen beginnen lassen: »Du mußt die Leute in die Fresse knacken. / Dann, wenn sie aufmerksam geworden sind, – / Vielleicht nach einer Eisenstange packen, – mußt du zu ihnen wie zu einem Kind / Ganz schamlos fromm und ärmlich einfach reden / Von Dingen, die du eben noch nicht wußtest . . .«

Schlimm, doch in diesem Gedicht wird wenigstens noch argumentiert: »Und bittest sie um Verzeihung – einzeln jeden –, / Daß du sie in die Fresse schlagen mußtest . . .« nichts davon in besagtem »Kinder-Spiel-Buch«, das, seinerzeit polizeilich verboten, auch heute noch wg. Anstiftung zur Sach- und Personenbeschädigung in jeden besser sortierten Giftschrank gehört. Da entpuppt sich Ringelnatz als ein genuiner Schreckensmann der deutschen Hochkomik, und er wird diesem Ruf bis in seine späten Jahre gerecht: »Kinder, ihr müßt euch mehr zutrauen! / Ihr laßt euch von Erwachsenen belügen / Und schlagen. – Denkt mal: Fünf Kinder genügen, / Um eine Großmama zu verhauen.«

Nachzulesen im »Kinder-Verwirr-Buch« aus dem Jahre 1931, in welchem sich neben solch erschreckend großmutterfeindlichen Zellen auch überraschend kleinkräuterfreundliche finden: »Sah Züge schwinden, Züge nahn. / Der arme Sauerampfer / Sah Eisenbahn um Eisenbahn, / Sah niemals einen Dampfer.«

Ein inhaltliches Oszillieren und formales Changieren, das kennzeichnend für die von Ringelnatz selber zusammengestellten Gedichtsammlungen ist: Anders als Morgenstern, der seine komischen und seine ernsten Gedichte sorgsam schied, vereinigt Ringelnatz zwischen zwei Buchdeckeln, was immer ihm in einem bestimmten Zeitraum bedichtens- und berichtenswert erschien: Belachbares, Besinnliches, Bedenkenswertes, Bedenkliches und Bedenkenloses.

Mit dem vorliegenden Bändchen habe ich den Versuch gemacht, es ebenso zu halten. Neben so gut wie allen Ringelnatz-Klassikern stehen buntgemischt, jedoch weitgehend der Chronologie verpflichtet, jene unbekannteren Gedichte, die im Leser die Lust wachkitzeln sollen, sich mit dem ganzen Ringelnatz bekannt zu machen.

Soviel zu meiner Auswahl. Und ein letztes Wort zu meinen Illustrationen. Das durch die Blätter geisternde Rotweinglas verdankt sich drei Umständen: Weil mir erstens eine Schmuckfarbe zur Verfügung stand, weil Ringelnatz zweitens entgegen seinem Seemann-Image die gute Flasche Rotwein der Buddel Rum vorzog und weil ich die Zeichnungen drittens in der Toskana verfertigt habe, wo an anregenden Motiven kein Mangel herrschte.

Das allerletzte Wort aber soll erneut Ringelnatz haben. Frühreif, wenn auch sicherlich von seinem Vater, dem ebenfalls dichtenden Georg Bötticher, angeregt, brachte der vierzehnjährige Knabe Hans Bötticher Zeilen zu Papier, die nicht nur den späteren, reimenden Joachim Ringelnatz aufscheinen lassen, sondern von einer kindlichen Komik durchtränkt sind, die nicht ganz von dieser Welt ist:

Hagenbeck kommt!

Hilfe Hagenbeck kommt an,
Rette sich wer irgend kann
Eilich flichtet die Giraffe,
Von dem Baum entflieht der Affe,
Und 'ne große Herde Gnus,
Left nun wie e' Hasenfuß!
Selbst bei dieser Schreckensscene,
Macht der Ticher große Bene!
Und e' Nilpferd, welchn' Schreck,
Fält vor Eile in d'n Treck.
Selbst de große Nilgazelle,
Laift jetzt mit des Blizesschnelle,
Dromedar und Maskenschwein
Scheinen sehr voll Furcht zu sein,
Und das Nashorn wie mar'ch nennt
An e großen Baum sich rennt,
Cha, der große Elefant,
Kommt nu' werklich angerant.
Plötzlich doch erthönt das Wort,
Freit, eich' Hagenbeck ist: fort.

Inhalt